Flugschriften des
Deutsch-Englischen Verständigungskomitees
Herausgegeben von Ernst Sieper.

ERNST SIEPER

Die wirtschaftliche Rivalität zwischen Deutschland und England

Vortrag
gehalten vor den Vereinigten Handelskammern von Elberfeld, Barmen, Solingen, Lennep und Remscheid

Mit einem Einleitungs- und Schlußwort
von Geheimrat Dr. von Böttinger

München und Berlin 1914
Druck und Verlag von R. Oldenbourg

Geheimrat Dr. v. Böttinger, Mitglied des preuß. Herrenhauses:

Meine sehr verehrten Herren! Wenn ich als stellvertretender Präsident der Handelskammer Elberfeld, die Sie zu dem heutigen Vortragsabend eingeladen hat, mich erhebe, um Sie herzlich hier willkommen zu heißen, und um Ihnen den Redner des heutigen Abends, Herrn Universitätsprofessor Dr. Sieper vorzustellen, so kann ich mich meiner Verpflichtung mit kurzen Worten entledigen, denn Professor Sieper ist auf beiden Seiten des Kanals, sowohl in Deutschland wie in England, keine unbekannte Persönlichkeit. Er hat durch sein unermüdliches Wirken im Dienste einer kulturellen Annäherung zwischen den beiden großen stammverwandten Völkern sich zahlreiche Freunde hüben und drüben erworben. Ich selbst war vor etwa Jahresfrist Zeuge, wieviel Ansehen und Vertrauen er in England auch bei namhaften Persönlichkeiten — Staatsmännern und Politikern — besitzt. Wir beide waren im Oktober vergangenen Jahres als Delegierte zu der deutsch-englischen Verständigungskonferenz in London entsandt, und ich habe dort während der Dauer der Konferenz sowohl bei den Verhandlungen als auch bei den gesellschaftlichen Veranstaltungen beobachten können, daß sich unser Landsmann hoher Wertschätzung in führenden englischen Kreisen erfreut. Daß Professor Sieper unser engerer Landsmann ist und hier im bergischen Lande seine Jugend verlebt hat, wird das Interesse an seinen Darlegungen sicher noch erhöhen.

Professor Sieper steht, wie alle einsichtigen Leute, die bei ihren Bemühungen um die deutsch-englische Verständigung praktische Resultate erreichen wollen, auf dem Standpunkt, daß durch freundschaftliche Beteuerungen, Verbrüderungen, Festbankette nicht viel gewonnen ist. Es ist Pflicht der beiden großen Völker der germanischen Rasse, den tatsächlichen Verhältnissen nüchtern ins Auge zu schauen, die Dinge so zu sehen und darzustellen, wie sie in Wirklichkeit sind; denn nur auf diese Weise kann eine feste Basis für eine Verständigung der beiden Nationen erreicht werden. Welche Mißhelligkeiten und Wirrnisse auch zwischen den beiden Ländern auftauchen mögen, wir werden, wenn wir den Dingen auf den Grund gehen, immerfort falschen Vorstellungen, Mangel an Kenntnis und Vorurteilen begegnen. Hier ist es, wo Professor Sieper den Hebel ansetzt, um wirksam für die friedliche Verständigung der beiden Nationen zu arbeiten. Er hat sich zum Ziele gesetzt, dafür zu sorgen, daß beide Länder ausgiebiger übereinander unterrichtet werden. Kein Geringerer als der frühere Premierminister und jetzige Führer der Opposition im englischen Unterhause, Artur Balfour, hat dieser Tätigkeit des Professors Sieper verdiente Anerkennung gezollt. Vor einer politischen Versammlung in London im Frühjahr 1911, in der Professor Sieper über die Probleme der deutsch-englischen Verständigung sprach, lief ein Telegramm des konservativen Staatsmannes ein, in dem es hieß: »Professor Sieper hat sich, soweit ich unterrichtet bin, zum Ziel gesetzt, Deutschland und England dadurch einander näher zu bringen, daß er beide Länder gegenseitig besser übereinander unterrichtet. Ich kenne kein würdigeres Ziel und keine besseren Mittel, um sie zu erreichen.«

Der eigentliche Gegenstand des heutigen Vortrages bildet die wirtschaftliche Rivalität der beiden Völker. Von allen Fragen, die die beiden Nationen bewegen, ist diese vielleicht die aktuellste; denn immer und immer wieder hört man sagen, daß die deutsch-englische Frage durch den Kampf um die wirtschaftliche Vormachtstellung der Nationen bedingt sei und nur durch den endgültigen Ausgleich der wirtschaftlichen Gegensätze gelöst werden könnte. Sie dürfen sicher sein, daß das, was Ihnen Professor Sieper mitzuteilen hat, auf einem ausreichenden Studium aller in Betracht kommenden Verhältnisse beruht, und daß er, auf ein reiches Material sich stützend, Ihnen wesentlich neue Gesichtspunkte der verwickelten Frage geben wird. Ich brauche kaum hinzuzufügen, daß wir hier im Wuppertale mit unseren zahlreichen und engen Beziehungen mit England, mehr als andere Teile des Deutschen Reiches, an der Gestaltung des wirtschaftlichen Wettkampfes interessiert sind. Ich will den Ausführungen des Herrn Professors nicht vorgreifen und erteile ihm hiermit das Wort.

Universitätsprofessor Dr. Sieper:

Hochgeehrter Herr Geheimrat! Meine sehr verehrten Herren!

Ich danke Herrn Geheimrat Dr. v. Böttinger für die freundlichen und sehr schmeichelhaften Worte der Begrüßung. Sie haben nicht bloß feurige Kohlen auf mein Haupt gesammelt, da er seit langen, langen Jahren zu denjenigen Männern gehört, die nicht durch Reden und Zeitungsartikel, sondern durch tatsächliche Leistungen an der besseren Gestaltung der deutsch-englischen Beziehungen arbeiten. Das in Berlin auf die Anregung des verstorbenen preußischen Ministerialdirektors Excellenz Fr. Althoff durch die hochherzige Munifizenz des Herrn Geheimrat Dr. von Böttinger ins Leben gerufene Institut für Ausländer, das „Böttinger Studienhaus" gibt namentlich jungen Engländern, die studienhalber zu uns kommen, ausgiebige Gelegenheit, sich mit deutschen Verhältnissen bekannt zu machen, ihnen die Augen darüber zu öffnen, was wir in Wahrheit sind; und jeder Engländer, der uns wirklich kennen gelernt hat, wird, daran ist kein Zweifel, in sein Heimatland zurückkehren und im Dienste eines besseren Verstehens der beiden Nationen tätig sein. Auch sonst hat Herr Geheimrat Dr. von Böttinger seine weitverzweigten und interessanten Beziehungen zu England immer im Dienste der guten Sache verwertet. Er vereinigt in sich gewissermaßen die guten Kräfte deutscher und englischer Kultur. In England erzogen, in Deutschland im industriellen und politischen Leben erfolgreich tätig, mit den besten Männern jenseits des Kanals im engen Kontakt, kann er durch seinen persönlichen Einfluß außerordentlich viel dazu beitragen, Mißverständnisse zu beseitigen, Anknüpfungspunkte zu geben, neue fruchtbare Beziehungen führender englischer und deutscher Persönlichkeiten zu schaffen.

Ich danke Herrn Geheimrat Dr. von Böttinger aufrichtig dafür, daß er die ländliche Einsamkeit seines schönen Besitzes verlassen hat, um hierher zu eilen und am heutigen Abend den Vorsitz dieser angesehenen Versammlung zu übernehmen. Er hat damit aufs neue gezeigt, daß er im Dienste der deutsch-englischen Sache keine persönlichen Opfer scheut. Und nun zum Thema.

Meine Herren! Wenn ich in den letzten Jahren die Frage der deutsch-englischen Beziehungen mit sonst urteilsfähigen Leuten in Deutschland und England besprochen habe, so wurde mir fast immer gesagt: »Auch wir wünschen lebhaft eine Verständigung mit England; sie ist aus tausend Gründen wünschenswert. Aber alle Ihre Bemühungen im Dienste der guten Sache werden so lange erfolglos sein, als der wirtschaftliche Wettbewerb zwischen den beiden Nationen anhält.«

Damit gelangt eine Anschauung zum Ausdruck, die sich in Deutschland allmählich zu einem Dogma verdichtet hat und zu deren Verbreitung nicht bloß Laien und Fanatiker, sondern leider auch Nationalökonomen wesentlich beigetragen haben. Man ging mit der Theorie geradezu hausieren, daß der enorme wirtschaftliche Aufschwung Deutschlands den Niedergang Englands nach sich ziehen würde, daß England auf den verschiedensten Gebieten der wirtschaftlichen Produktion von Deutschland immer mehr überflügelt und von seinen Absatzgebieten verdrängt würde.

Der Außenhandel Englands (Summe von Aus- und Einfuhr im Spezialhandel) stieg von 1886 bis 1907 von M. 10 344,8 auf M. 19 994,8 Mill. In Deutschland war die entsprechende Steigerung von M. 5847,4 Mill. auf M. 15 597,6 Mill. Die Kohlengewinnung Englands (Stein- und Braunkohlen) stieg von 1887 bis 1907 von 164,72 auf 272,11 Mill. Tonnen. In Deutschland betrug die Produktion im Jahre 1887 76,23, 1907 dagegen 205,72 Mill. Tonnen. Die Roheisenerzeugung Englands betrug in den Jahren 1876 bis 1880 jährlich 6,66 Mill. Tonnen und belief sich im Jahre 1907 auf 10 Mill. In Deutschland ist das entsprechende Verhältnis 2,14 zu 12,87. Was die Rohstahlerzeugung angeht, so betrug sie für England in den Jahren 1876 bis 1880 durchschnittlich 1,02 Mill. Tonnen, 1906 dagegen 6,56 Mill.; in Deutschland stieg die Erzeugung von 0,5 Mill. Tonnen in den Jahren 1876 bis 1880 auf 11,13 Mill. im Jahre 1906, verzweiundzwanzigfachte sich also, während sie sich in England nur versechsfachte.

Es ist schließlich zu begreifen, daß dieser rapide Aufschwung Deutschlands in England zunächst Schrecken hervorrief. Man vergaß aber eines: Der ungeheure wirtschaftliche Aufschwung, den Deutschland im letzten Viertel des vorigen Jahrhunderts zu verzeichnen hatte, war darin begründet, daß Deutschland in jener Zeit den Übergang vom Ackerbau- zum Industriestaat durchmachte. Er beruhte in der Entfaltung vieler bis dahin schlummernder Kräfte. Auch England hat bei seinem Übergang zum Industriestaat etwas Ähnliches erlebt. Eine solche reißende Aufwärtsbewegung hält nicht an; allmählich wird ein gewisser

Sättigungspunkt erreicht. Auch bedeutet der wirtschaftliche Aufschwung des einen Landes durchaus keine Schädigung des anderen. Die außerordentliche wirtschaftliche Entfaltung Deutschlands in den letzten Jahrzehnten hat nicht zu verhindern vermocht, daß England in den beiden letzten Jahren Handelsbilanzen hatte, die auch die Erwartung des kühnsten Optimisten übertrafen. Ein Blick auf die Zahlen über die englische Handelsbilanz des Monats November des vorigen Jahres, die ich gerade zur Hand habe: Auf einen Gesamtumsatz von £ 124 000 000 beläuft sich die Steigerung für den Monat November gegenüber dem gleichen Monat des Jahres 1911 auf £ 2 372 000 für die britische Ausfuhr und auf £ 5 500 000 für die britische Einfuhr.

Mit diesen Darlegungen habe ich gewissermaßen das Ziel, das Ergebnis meines Vortrages schon vorweggenommen. Es wird nun meine Aufgabe sein, Ihnen die Richtigkeit meiner Schlußfolgerungen näher zu begründen, Sie mit dem Material vertraut zu machen, das Sie befähigt, selbst die Sachlage zu beurteilen.

Gestatten Sie mir zunächst, Sie in diesem Zusammenhange auf ein Buch zu verweisen, in dem Sie ausgiebiges Material zur Beurteilung der wirtschaftlichen Rivalität zwischen Deutschland und England zusammengetragen finden. Das Buch führt den Titel: »Deutschland und England in ihren wirtschaftlichen, politischen und kulturellen Beziehungen.« (Verlag v. R. Oldenbourg, München.) Die Schrift, von mir selbst herausgegeben, enthält im wesentlichen eine Wiedergabe der Verhandlungen und Ergebnisse der deutsch-englischen Verständigungskonferenz, die vor etwa Jahresfrist in London getagt hat.

Als sich zu Beginn des Jahres 1911 führende Männer aus beiden Nationen zusammentaten, um in offener, erschöpfender Aussprache einmal alle jene Probleme zu erörtern, die im Laufe der letzten Jahre zu Mißverständnissen und Verstimmungen Anlaß gegeben haben, da habe ich darauf gedrungen, die gegenseitigen Handelsbeziehungen als ersten Punkt auf die Tagesordnung zu setzen. Es gelang uns, wirklich autoritative Leute von beiden Seiten des Kanals als Referenten über diesen Gegenstand zu gewinnen. Eingeleitet wurden die Erörterungen durch ein ausgezeichnetes Referat, das Professor Rathgen vom Kolonialinstitut in Hamburg erstattete. Rathgens Ausführungen, auf die ich mich im ersten Teile meiner Rede im wesentlichen stützen werde, finden

Sie in dem erwähnten Verhandlungsberichte an erster Stelle abgedruckt.

Wir müssen, so betonte Professor Rathgen in seinem Londoner Referat, uns vergegenwärtigen, daß der ungeheure Aufschwung, den die wirtschaftliche Produktionskraft Deutschlands in der letzten Zeit genommen hat, nicht etwa auf Kosten der Superiorität unserer Bevölkerung zu setzen ist, sondern als die Folge natürlicher Verhältnisse. Wie diese Verhältnisse sich änderten, mußte sich auch die wirtschaftliche Lage des Landes umgestalten.

In Deutschland wiederholte sich, was sich bei den fortgeschritteneren Staaten Westeuropas, insbesondere in England schon vor längerer Zeit ereignet hat: Um für die steigende Bevölkerung Existenzmittel zu schaffen, mußte eine große Industrie von Ausfuhrartikeln sich entfalten. Man macht sich gewöhnlich nicht klar, in welch ungeheurem Maße sich die Einwohnerzahl Deutschlands seit dem letzten halben Jahrhundert vermehrt hat. Um die Mitte des 19. Jahrhunderts lebten auf dem Areal des Deutschen Reiches etwa 35 Millionen Menschen. Bis zum Jahre 1890 war diese Zahl auf beinahe 50 Millionen angewachsen, und jetzt zählt das Deutsche Reich bereits über 66 Millionen Einwohner.

Während der letzten 21 Jahre nahm die Bevölkerung Deutschlands um mehr als 16 Millionen zu. Vergleichen Sie damit die Bevölkerungsbewegung in England! In dem genannten Zeitraum betrug der Zuwachs in den vereinigten Königreichen noch nicht 8 Millionen (die Bevölkerungszahl stieg von 37,5 auf 45,3 Millionen) und bei der Gesamtheit der weißen Bevölkerung im britischen Empire nicht viel mehr als 12 Millionen (die Bevölkerungsziffer stieg von 47,5 auf 49,8 Millionen). Man darf nicht vergessen, daß die weiße Bevölkerung des ganzen britischen Reiches 5,6 Millionen Einwohner weniger zählt als die Einwohnerzahl Deutschlands.

Die Frage ist, wie die sich in dieser Weise mehrende Bevölkerung ernährt werden kann? Gewiß haben die besseren Methoden des Ackerbaus die Ertragsfähigkeit des Bodens wesentlich erhöht. Aber das ist bei weitem nicht hinreichend, um die Lebensbedürfnisse der Bevölkerung zu befriedigen. Wir waren gezwungen, Nahrung in steigendem Maße einzuführen. Diese Nahrung mußte bezahlt werden, und der einzige Weg, diese Zahlung zu leisten, bestand darin, Fabrikerzeugnisse zu exportieren. Für diese Erzeugnisse mußten natürlich wieder Rohmaterialien aus anderen Ländern importiert werden. Sie sehen, wie die bloße Tatsache der Bevölkerungsvermehrung mit Notwendigkeit dazu führt, den Handel zu vermehren. Natürlich hätte die Zunahme der Bevölkerung an der wirtschaftlichen Struktur unseres Landes wenig geändert, wenn die Landwirtschaft etwa durch Nutzbarmachung bisher unbebauter Grundflächen den Überschuß an Arbeitskräften hätte aufnehmen können. Da das nicht möglich war, vielmehr durch die steigende Verwendung der Maschinen auch in der Landwirtschaft die Zahl der Arbeitskräfte sich verringerte, so wurden der Industrie jährlich neue Hunderttausende von Arbeitern zugeführt. Die Folge war selbstverständlich eine erhöhte Leistungsfähigkeit, vermehrte Produktion unserer Industrie und steigender Export. Es wiederholt sich hier, was England schon früher erlebt hat: Die durch die vermehrte Bevölkerung bedingte Industrialisierung des Landes führt zu gesteigertem Handel.

Kurzum, es ergibt sich, daß das Anwachsen der Ausfuhr aus Deutschland eine unbedingte Notwendigkeit für unsere wachsende Bevölkerung ist. Auch nach einem unglücklichen Kriege müßte unsere Bevölkerung auf die eine oder andere Weise ernährt werden. Da unsere Landwirtschaft dazu nicht hinreicht, muß es, was immer auch sich ereignen mag, durch den Export unserer Fabrikate geschehen. An dieser Notwendigkeit vermag kein Krieg etwas zu ändern. Es ist darum töricht, zu behaupten, der Konkurrenz Deutschlands könne sich England durch einen Krieg entledigen.

So lange das englische Wirtschaftsleben verhältnismäßig günstige Konjunkturen hatte, schenkte man der deutschen Konkurrenz wenig Beachtung. Das wurde anders, als um die Mitte der 80 er Jahre Industrie und Handel in England unter einer schweren Depression zu leiden hatten. In solch kritischen Zeiten taucht die Frage auf: Durch welche Gründe ist der Fortschritt gehemmt worden? Man glaubte plötzlich in dem Aufstreben Deutschlands die Ursachen des Stillstandes — ja Niederganges — erkennen zu sollen. Die deutsche Konkurrenz wurde zum Sündenbock und das war — merkwürdig genug — zu einer Zeit, als der deutsche Außenhandel verhältnismäßig wenig Fortschritte machte und eine ähnliche Stagnation erlebte wie diejenige Englands und aller anderen Handelsstaaten seit 1874. Als die Mißstimmung gegen den unbequemen Nebenbuhler einmal wachgerufen war, sorgten treffliche englische Patrioten dafür, sie zu nähren und zu stärken. Man wies unentwegt auf die besseren Methoden und die bessere Adaptionsfähigkeit des deutschen Kaufmannes hin. Man hob hervor, wie durch eine bessere technische Erziehung und systematisches, planmäßiges Vorgehen hier in Deutschland größere Erfolge erzielt werden. Überall wurde der Deutsche als Musterknabe den englischen Vertretern der Industrie und des Handels vorgestellt. Daß ein solcher Musterknabe nicht populär ist, liegt auf der Hand. Zugleich aber wurden ganz übertriebene Vorstellungen von dem wirtschaftlihcen Aufschwung Deutschlands hervorgerufen. Lange Jahre hindurch — bis etwa zur Mitte der 90 er Jahre — hatte auch Deutschland im ganzen wenig Grund, sich seiner Fortschritte zu rühmen; bis dann die überraschende Zunahme der Handelsumsätze in der ganzen Welt begann. Freilich trat das große Aufsteigen der Ausfuhr in Deutschland etwas früher ein als in England, so daß sich zunächst der Vorsprung der englischen Ausfuhrwerte verringerte. Das hat aber nur bis 1899 gedauert. Seit diesem Jahre ist die Zunahme der englischen und der deutschen Ausfuhrwerte ungefähr gleich groß, beträgt von 1900 bis 1911 für Deutschland etwa £ 170 Mill. für England etwa £ 165 Mill., während auf den Kopf der Bevölkerung berechnet, die Zunahme der Ausfuhr in England etwas größer ist, als in Deutschland.

Der Zuwachs der Ausfuhr ist aber in ganz verschiedenen Richtungen vor sich gegangen. In Europa sind die Fortschritte Deutschlands größer gewesen, über See die Englands, worin sich die Gunst der Lage Deutschlands inmitten Europas, die Gunst der Lage Englands im Seeverkehr ausdrückt, Vorzüge, die kein Krieg ändern kann. —

Bei der Erörterung über die wirtschaftliche Rivalität Deutschlands und Englands ist ein Punkt ganz übersehen worden: Die ähnliche Struktur beider Länder bedeutet nicht nur Konkurrenz, sie bedeutet auch ein gewisses Maß gemeinsamer Interessen auf wirtschaftlichem Gebiete.

Die Gemeinschaft wirtschaftlicher Interessen zeigt sich vor allem darin, daß England und Deutschland gegenseitig ihre besten Kunden sind. Im Gegensatz zu der Anschauung, daß die Grundlage des internationalen Handels der Austausch von Rohprodukten gegen Fabrikate ist, hat der Handel zwischen England und Deutschland immer stärker zugenommen, je mehr beide Länder sich wirtschaftlich ähnlich geworden sind. Die Ausfuhr Englands nach Deutschland ist größer als nach irgendeinem anderen unabhängigen Lande und wird nur von der Ausfuhr nach einer britischen Besitzung übertroffen, der nach Indien. Die Ausfuhr nach Deutschland ist größer als die nach Frankreich und nach Rußland zusammengenommen. Von der ungeheuren Zunahme der englischen Ausfuhr 1904 bis 1911 nahm Deutschland allein ein Zehntel auf, doppelt soviel wie Frankreich oder die Vereinigten Staaten. Noch bemerkenswerter ist die Zunahme der Einfuhr Deutschlands aus den britischen Besitzungen, für die es eines der wichtigsten Absatzgebiete ist, während die deutsche Ausfuhr dahin nur langsam wächst. Während im Verkehr mit dem Vereinigten Königreich die deutsche Ausfuhr größer ist als die Einfuhr, ist es im Verkehr mit dem ganzen britischen Reich umgekehrt, ein wichtiger Gesichtspunkt für diejenigen, die in England die Interessen des Empire vor allem betonen.[1])

Es ist frivol, leichthin von einem Krieg zu sprechen, der die wirtschaftlichen Interessen der beiden großen Absatzgebiete schädigen würde. Man setzt, wenn man von einem solchen Kriege spricht, immer als selbstverständlich voraus, daß dieser Krieg

---

[1]) Wie ich diese Zeilen in Druck zu geben mich anschicke, erhalte ich Kenntnis von dem Gesetzentwurf, der dem Reichstag zur Regelung der Handelsbeziehungen mit dem Britischen Reiche zugegangen ist. Bekanntlich erlischt das Gesetz vom 20. Dezember 1911 betreffend die Handelsbeziehungen zum Britischen Reiche, mit dem 31. Dezember 1913. Der genannte Gesetzentwurf soll der ferneren Regelung dieser Handelsbeziehungen dienen. Es ist ihm eine ausführliche Begründung beigegeben, die die Entwicklung des deutsch-englischen Handels darlegt. Der Warenaustausch mit dem britischen Mutterlande weist danach für das letzte Jahrzehnt folgende Zahlen auf:

	deutsche Einfuhr aus	deutsche Ausfuhr nach
	Großbritannien.	
	Wert: Millionen Mark (ohne Edelmetalle)	
1903	594,0	982,3
1907	977,3	1060,5
1908	697,4	997,5
1911	808,8	1139,7
1912	842,6	1161,1

die wirtschaftlichen Verhältnisse beider Länder von Grund aus ändern würde. Wie falsch eine solche Voraussetzung ist, ist durch das Werk Norman Angells, »The Great Illusion«, in grelle Beleuchtung gerückt worden[1]). Man braucht Norman Angell nicht in allen Punkten beizustimmen, eines wird der gewissenhafte und kritische Leser des Buches nicht bestreiten können, das umfassende Material, das der Verfasser beibringt, ist geeignet, die alteingenisteten Ansichten über die Folgen, die ein günstiger Krieg auf die wirtschaftliche Entwicklung eines Landes hat, bedenklich zu erschüttern.

Unter den modernen Lebensverhältnissen können die wirtschaftlichen Produktivkräfte eines Kulturvolkes überhaupt durch einen Krieg nur vorübergehend zurückgehalten werden. Das zeigt das Beispiel Frankreichs nach 1870[2]). Die natürlichen Gründe

[1]) Das Werk, das in nicht weniger als 17 Sprachen erschienen ist, liegt jetzt auch in deutscher Übersetzung vor: »Die falsche Rechnung. Was bringt der Krieg ein?« Berlin, Vita, Deutsches Verlagshaus.

[2]) Hinsichtlich der wirtschaftlichen Erfolge dieses Krieges herrschen in Deutschland noch immer sehr übertriebene Vorstellungen. Ich will die ideellen und politischen Vorteile, die Deutschland aus diesem Kriege erwuchsen, gelten lassen, aber wirtschaftlich war er für den Eroberer nicht von besonderem Segen. Norman Angell stellt in dem genannten Buche eine Reihe von Tatsachen zusammen, die mehr als geeignet sind, bestehenden Anschauungen den Garaus zu machen:

1. 20 Jahre nach der Zahlung der letzten Rate der Kriegsentschädigung war der Bankdiskont in Berlin höher als in Paris.

2. Wir haben keine geringere Autorität als die des Fürsten Bismarck für die Tatsache, daß Frankreich die finanziellen Stürme von 1878/79 viel besser überstand als Deutschland.

3. Im vorvergangenen Jahre mußte Deutschland ungefähr 4 % für Geld zahlen, während Frankreich es für 3 % bekam. Die französischen Staatsrenten standen in den genannten Jahren 98, während die deutschen 83 notierten.

4. Der wirtschaftlichen Kraft Frankreichs geschah durch den Krieg kein Abbruch. Es ist Tatsache, daß unmittelbar nach dem Kriege die französische Ausfuhr stieg, trotz aller Verluste an Geld und Menschen. (Vgl. Max Wirt, Geschichte der Handelskrisen.)

5. Das Jahrzehnt von 1870/80 stellt für Frankreich eine Periode entschiedenen Aufschwunges dar, während es für Deutschland nach dem Boom von 1872 eine bedenkliche Depression bildete. (Vgl. Bismarcks Reden vom 2. Mai 1879 und 29. November 1889.) 1878 war in

für die wirtschaftliche Konkurrenz sind die Zunahme der Bevölkerung und die Eigenart der geographischen Lage: beide Momente können durch einen Krieg nicht beseitigt werden.

Ich erwähnte die Gemeinsamkeit der Interessen zwischen Deutschland und England, die dadurch geschaffen wird, daß die wirtschaftliche Struktur beider Länder immer ähnlicher wird. Diese Gemeinsamkeit zeigt sich auch in der wirtschaftlichen Erschließung überseeischer Gebiete. Beide Länder haben natürlich das allergrößte Interesse daran, den fremden Markt für ihre Waren offen zu halten, und es ist interessant zu beobachten, wie beide Länder nach vorübergehenden Schwankungen ihrer Politik sich gleichmäßig für das Prinzip der offenen Tür eingesetzt haben. Wie es zuerst England gewesen ist, das in seinen Kolonien fremde Waren und Kaufleute zuließ und den nahen und fernen Osten dem Handel erschlossen hat, so hat Deutschland, seit es sich überseeisch betätigen konnte, in derselben Richtung gewirkt, im fernen Osten wie in Afrika, und es ist von der Kongokonferenz bis zum Marokkovertrag für die gleiche wirtschaftliche Konkurrenz aller Völker eingetreten.

Frankreich mehr Geld im Umlauf als in Deutschland. 1875 war der Bankdiskont in Paris gleichmäßig 3%, in Berlin schwankte der Diskont der Preußischen Bank zwischen 4 und 6%. Zwischen 1872 und 77 sanken die Einlagen in den staatlichen Sparkassen in Deutschland um 20%, während sie in Frankreich in dieser Zeit um 20% stiegen. Auch die außerordentliche Steigerung der Auswanderung in dem Jahrzehnt, das dem Kriege folgte, wirft ein bedenkliches Licht auf die wirtschaftlichen Zustände in Deutschland. Fünf Jahre vor dem Feldzug von 1866 betrug die Zahl der Auswanderer durchschnittlich 41 000, nach dem Kriege stieg sie plötzlich auf 100 000. Im Jahre 1869 war sie bis auf 70 000 gefallen, um im Jahre 1873 wieder bis auf 154 000 emporzuschnellen.

Auch Norman Angell weiß, daß der wirtschaftliche Aufschwung Deutschlands von 1870 bis heute unleugbar ist, aber er gibt uns folgendes zu bedenken:

a) Der industrielle Fortschritt beschränkt sich nicht auf Deutschland;

b) Gewisse Umstände, die dem Kriege vorangingen oder nichts mit dem Kriege zu tun hatten, kamen dem Aufschwung zugute; zum Beispiel die Zollvereinigung der deutschen Staaten während der Industrialisierung Deutschlands.

Die internationale wirtschaftliche Konkurrenz ist an sich die Folge notwendiger und natürlicher Ursachen, und das müssen die Völker einsehen und sich damit abfinden.

Häufig wird man den Einwurf hören: »Die Engländer finden sich nicht mit den gegebenen Tatsachen ab; die deutsche Konkurrenz bereitet ihnen wachsendes Unbehagen. Sie warten nur auf eine günstige Gelegenheit, um über uns herzufallen.« Wäre das wirklich der Fall, so müßte das Zentrum der englischen Handelswelt, die City of London, der Herd der deutsch-feindlichen Agitation sein. Seltsamerweise haben nun aber gerade die führenden Leute der City of London, als die Bewegung für eine deutsch-englische Verständigung einsetzte, am bereitwilligsten dem an sie ergangenen Rufe Folge geleistet.

In meinen Händen befindet sich ein Brief, der den Wert eines Dokumentes hat. Es ist die Antwort des Lord Mayors von London auf eine im Anschluß an die Münchener Kundgebung vom 6. Januar 1906 übersandte Erklärung. Das Schreiben lautet:

„The reports of any estrangement between our two nations are, if they exist at all, greatly exaggerated and of no possible moment. My fellow countrymen are sincerely desirous of continuing the friendly relations with which they have so long regarded their German neighbours and associates. The only rivalry permitted to us is that cordial competition in trade and commerce in which we are mutually interested.

I beg you to accept yourself and to convey to the distinguished personages, by whom your Declaration was signed, my warmest acknowledgements with the renewed assurance that all their statements are earnestly and entirely reciprocated in the City of London."

Die deutsche Übersetzung des Briefes lautet folgendermaßen:

„Die Berichte über eine Entfremdung zwischen unseren beiden Nationen, wenn davon überhaupt ernstlich die Rede sein kann, sind gröblich übertrieben und von keiner nennenswerten Bedeutung. Meine Landsleute wünschen aufrichtig, die freundschaftlichen Beziehungen, durch die sie sich so lange mit ihren deutschen Nachbarn verbunden gefühlt haben, weiter zu pflegen. Die einzige Rivalität, die uns erlaubt ist, ist jener herzliche Wettbewerb in Handel und Verkehr, an dem wir beide interessiert sind. Empfangen Sie meinen wärmsten Dank, den ich auch den ausgezeichneten Männern, die die Kundgebung unterzeichnet haben, zu übermitteln bitte. Mit diesem Dank verbinde ich die erneute Versicherung, daß alle ihre Erklärungen durchaus und aufrichtig von der City von London erwidert werden."

Das ist nicht etwa die Stimme des Predigers in der Wüste, die Sie hier vernommen haben: Die Vorgänger und Nachfolger Treloars haben sich zu wiederholten Malen ähnlich ausgesprochen. Ich war zugegen, als den Bürgermeistern und städtischen Vertretern Nord- und Süddeutschlands, den Journalisten und den deutschen Delegierten der Londoner Verständigungskonferenz die City of London durch ihr Oberhaupt gastliche Ehren erweisen ließ. Die Worte, die bei diesen Gelegenheiten gesprochen wurden, atmen dieselbe Offenheit, Deutlichkeit und Herzlichkeit, die aus dem Schreiben Treloars zu uns sprechen.

Vielleicht könnte man sagen: Das sind höfliche, aber unverbindliche Worte von Leuten in repräsentativer Stellung. Glücklicherweise haben sich auch führende Industrielle und Kaufherren, die, ohne offizielle Stellung, keinerlei Rücksicht zu nehmen hatten, über die deutsch-englische Handelsrivalität geäußert. Auch sie weisen den Gedanken der Mißgunst, des Mißtrauens auf englischer Seite, oder gar die Möglichkeit eines Handelskrieges zwischen beiden Ländern weit von sich. Ich nenne Sir Charles Macara, The Right Hon. Sir William Mather, Mr. Aneurin Williams, Mr. Tom Garnett u. a. m. Den Wert des Urteils dieser Leute gegenüber dem Geschwätz des Haufens der Unverantwortlichen brauche ich nicht hervorzuheben.

Sir Charles W. Macara entwickelte auf der Londoner Conferenz in einem kurzen Referat über internationale Industrie und internationalen Handel die Gedanken und Beobachtungen, die er als Präsident des Internationalen Verbandes der Baumwollspinner und Seidenvereinigung und als Präsident des Vereins englischer Baumwollspinner während einer langen Reihe von Jahren hat sammeln können. Es war lehrreich, zu sehen, wie seine Betrachtungen der internationalen Handelsbeziehungen vom Standpunkt der praktischen Erfahrung zu ganz ähnlichen Resultaten führten, wie die rein akademischen Erörterungen und Feststellungen des deutschen Gelehrten.

Macara betonte zunächst, wieviel erzieherische Arbeit sowohl von dem Internationalen Verband der Baumwollspinner- und Webervereinigungen, der im Jahre 1904 in Zürich gegründet wurde, als auch von dem Internationalen landwirtschaftlichen Institut in Rom, an dessen Gründung nicht weniger als 49 Staaten beteiligt sind, geleistet worden ist. Die zahlreichen wertvollen Aufschlüsse, die von beiden Institutionen verbreitet wurden, beweisen deutlich die völlige gegenseitige Abhängigkeit der Völker. Wenn diese gegenseitige Abhängigkeit der Völker erst völlig erkannt sein wird, braucht man, wie Sir Edward Grey in einer Ansprache an das Internationale Baumwoll-Komitee ausführte, eine Störung des Weltfriedens nicht mehr zu fürchten. »Wenn«, so sagte Macara wörtlich, »die Industriezweige, welche die wesentlichen Bedürfnisse des Menschengeschlechtes befriedigen, mit dem weitausschauenden Blick geleitet werden können, der für ihren Erfolg wesentlich ist, so braucht zwischen den Völkern kein größerer Wettbewerb zu bestehen, als er zwischen einzelnen Personen vorhanden ist. Individueller und nationaler Wettbewerb hat von jeher bestanden, und bei beiden hat derjenige den besten Erfolg, der über die größten Hilfsmittel und die größte Energie verfügt.«

Die Arbeiten der beiden internationalen Organisationen, denen Macara nahesteht, haben in der Tat deutlich bewiesen, daß die Vertreter der zahlreichen Nationen der Welt sich zu freundschaftlichen Versammlungen zusammenfinden und Probleme erörtern können, die das Wohlergehen aller betreffen und nur durch gemeinsames Zusammenarbeiten lösbar sind. Sie haben auch ergeben, daß trotz der großen Rüstungen und der leidenschaftlichsten Preßerörterungen die Gemeinsamkeit der Interessen der Kulturvölker, namentlich auch Deutschlands und Englands, im Wachsen begriffen ist, und daß die erwerbenden und produzierenden Klassen, von dieser Erkenntnis durchdrungen, bereit sind, die Verständigung zwischen den Völkern fördern zu helfen.

Der Handel zwischen Deutschland und England, der in runden Ziffern einen Wert von jährlich £ 120 000 000 aufweist, hat sich durch Jahre gegenseitigen Vertrauens hindurch allmählich zu der heutigen Höhe entwickelt. In finanzieller Hinsicht sind die beiden Länder ebenfalls eng miteinander verbunden. Aber diese beiden Werte, so gewaltig sie sind, würden durch die ungeheuren Schäden bei weitem übertroffen werden, wenn irgendein Mißverständnis zu einem Kriege führen sollte. In der Tat muß es jedem, der die Daseinsgrundlagen der beiden Länder kennt, ohne weiteres einleuchten, daß es ihnen unmöglich wäre, aus einem Kampfe ohne unwiedereinbringliche Verluste für beide Teile hervorzugehen. »Im allgemeinen«, so führte Macara aus, »fürchte ich, daß Staatsmänner und Diplomaten wenig Gelegenheit haben, die schweren Folgen zu ermessen, die ein Krieg auf die ständig wachsenden Verschlingungen der Industrie und des Handels haben müßte, und das hieraus entstehende ungeheure Chaos zu beurteilen. Es wäre gut, wenn zwischen ihnen und den führenden Männern der Industrie und des Handels ein regerer Verkehr stattfände, so daß sie auf diesem Wege die großen, hier auf dem Spiele stehenden Interessen besser erkennen würden. Dies würde sicher zu einer größeren Sorgfalt bei der Erörterung entstehender Schwierigkeiten beitragen.«

Macara ist durch die zahlreichen Konferenzen, die innerhalb der von ihm vertretenen Verbände in den letzten 20 Jahren stattgefunden und zum großen Teil auf die Beseitigung von industriellen Streitigkeiten und Kämpfen hingewirkt haben, zu der Überzeugung gelangt, daß die sorgsame Anwendung eines ähnlichen Verfahrens bei internationalen Streitigkeiten allgemein zu deren Schlichtung und zur Vermeidung des Krieges führen müßten. Macara ist nicht Pacifist. Als eifriger Befürworter einer starken Organisation von Kapital und Arbeit befürwortet er auch eine machtvolle Verteidigungsstellung der Nationen. Gleichzeitig aber ist er von dem Glauben durchdrungen, daß mit dem Fortschreiten der Wissenschaft, der Ausbreitung der Zivilisation und den gemeinsamen internationalen Bestrebungen zur Förderung der Weltarbeit sich reichliche Beschäftigung für alle Nationen bietet und auf diese Weise der internationale Argwohn beseitigt und der Weltfrieden gesichert wird.

Soweit Macara.

Natürlich wäre es töricht, zu leugnen, daß in gewissen Kreisen Englands ein nicht geringes Maß von Unbehagen über die Prosperität Deutschlands vorhanden ist. Aber sie dürfen den Einfluß dieser Kreise nicht überschätzen. City Clerks, die sich über den regsamen und besser unterrichteten deutschen Kollegen ärgern, feuerfressende Journalisten und gewisse Elemente der Finanzwelt, die an dem Feuerbrand eines Weltkriegs ihre Suppe zu kochen hoffen, bilden ihre Reihen.

Ein Wort über jene Patrioten und Journalisten, die die Stimmungsmache als Beruf betreiben. Wenn Ihnen immer und immer wieder die Stimmen aus dem Lager dieser Unverantwortlichen berichtet werden, während man jene anderen, vernünftigeren Urteile, die in englischen Blättern zu Wort kommen, mit Stillschweigen übergeht, so ist daran die Organisation des Pressewesens schuld. Es werden naturgemäß in erster Linie sensationelle Nachrichten nach dem Festland übermittelt, und so gelangt das, was namentlich der deutsch-feindliche Konzern der Times, Daily Mail usw. an Verhetzung leistet, in der deutschen Presse zu ganz unverdienter Bedeutung, während die ruhige und maßvolle Presse, namentlich die wichtige englische Provinzpresse, die das wahre Bild der Stimmung Englands viel besser zum Ausdruck bringt, unbeachtet bleibt.

Wenn die Londoner Blätter wirklich die Bedeutung hätten, wie man sie ihnen in Deutschland vielfach beimißt, und wenn sie wirklich die englische Volksstimmung wiedergäben, wie sollte es dann erklärt werden, daß bei den Wahlen von 1907, wo den Liberalen kaum ein nennenswertes Londoner Blatt zur Verfügung stand, die Konservativen hinweggefegt wurden? Aber auch die einsichtigen, maßvollen und jede kriegerische Auseinandersetzung ablehnenden Äußerungen von Vertretern der englischen Regierung über die Handelsrivalität, wie diejenigen von Winston Churchill und Lloyd George zeigen, daß diese Männer mit den deutschfeindlichen Preßtreibereien nicht in Zusammenhang gebracht werden können.

Meine Herren! Die deutsche Konkurrenz hat England nicht nur nichts geschadet, sie hat dem Lande nach gewisser Richtung hin Nutzen gebracht. Von weitausschauenden Persönlichkeiten ist schon früher wiederholt darauf hingewiesen worden, daß der Wettbewerb Deutschlands einen belebenden und fördernden Einfluß üben würde. Ich verweise Sie auf das Referat des Sir William Mather, das Sie in der früher erwähnten Schrift »Deutschland und England« abgedruckt finden.

Die Darlegungen Mathers haben eine ernste Bedeutung. Alles, was konkurrenzlos sich entwickelt, wird auf die Dauer nicht lebensfähig sein und muß verderben. Die ungeheure Vormachtstellung, die England jahrhundertelang besessen hat, drohte, dem Lande gefährlich zu werden. Ein gewisser Widerwillen gegen die Organisierung der Arbeit auf wissenschaftlicher Grundlage hat in England immer geherrscht. Er brachte das Land gegenüber Deutschland, das auf allen Gebieten planmäßig vorgeht und wissenschaftlich organisiert, in den Rückstand. Dieser Rückstand beginnt fühlbar zu werden und hat führende Männer immer wieder veranlaßt, die Abkehr von den alten, verbrauchten Methoden zu fordern.

Das Ziel eines Landes kann unmöglich darin bestehen, Monopolstellungen zu erhalten, es wird vielmehr darauf hinarbeiten, daß die Kräfte, die ein Volk groß und stark gemacht haben, frisch und leistungsfähig erhalten bleiben. Was England von dem gewaltig aufstrebenden Deutschland gelernt hat, ist nicht gering anzuschlagen. Im vergangenen Jahre sagte mir eine anerkannte Autorität auf dem Gebiete der wissenschaftlichen Technik: »Die englischen Ingenieure würden in den letzten Jahren kaum solche Leistungen vollbracht haben, wenn sie nicht durch deutsche Konkurrenz und deutsches Beispiel beeinflußt worden wären.«

Vielleicht wird dem glücklichen Lande, das von Natur und Geschichte jahrhundertelang in gleicher Weise gesegnet war, durch den belebenden und fördernden Einfluß der deutschen Konkurrenz die Möglichkeit gegeben, seine wirtschaftliche Stellung noch auf absehbare Zeit zu bewahren und im Wettkampfe mit leistungsfähigen Nachbarn sich gesund und lebenskräftig zu erhalten.

Wir sehen also eine Kraft, die übles zu wirken scheint und tatsächlich gutes schafft. Vielleicht fragen Sie, ob es denn für uns ein Vorteil sein würde, England in seiner wirtschaftlichen und der darauf begründeten nationalen Machtstellung zu erhalten. Ich glaube, man kann ein guter Patriot sein und die Frage trotzdem bejahen. Der ungeschwächte Bestand Englands scheint mir aus einem doppelten Grunde wünschenswert. Einmal im Interesse der Zivilisation überhaupt — denn die Engländer haben, wohin sie auch kolonisierend gedrungen sind, alte bodenständige Kultur respektiert, und den Anstoß zu neuer kultureller Entwicklung gegeben — sodann im Interesse unser selbst und unserer germanischen Zivilisation. Ein starkes England an der Seite Deutschlands wird die sicherste Bürgschaft für Bestand und Fortschritt der weltgeschichtlichen Mission der germanischen Völker sein. Wenn unserer nationalen und kulturellen Unabhängigkeit Gefahr droht, so kommt sie von dem jungen andrängenden Slaventum, und in diesem Gegensatze, der zwischen Slaven- und Germanentum tatsächlich klafft, sind die Engländer unsere natürliehen Verbündeten. Ich denke dabei nicht einmal an kriegerische Auseinandersetzungen — auch der slavisch-germanische Gegensatz wird letzten Endes nicht durch Krieg entschieden werden können — ich denke daran, daß Deutschland und England im Austausch geistiger Werte, sich gegenseitig gebend und fördernd, ihre besten Kräfte entwickeln und sich stark und tatenfähig halten können. Denn Deutschland und England sind geradezu prädestiniert, voneinander zu lernen und sich gegenseitig zu ergänzen. Im Sinne dieser wünschenswerten Verständigung hoffe ich, daß am germanischen Wesen die Welt genesen wird.

Herr Geheimrat Dr. v. Böttinger.

Meine Herren! Durch Ihren rauschenden Beifall haben Sie selbst bereits dem Gefühl des Dankes für den Redner dieses Abends Ausdruck gegeben. Es gewährte in der Tat eine hohe Befriedigung, den lichtvollen und überzeugenden Ausführungen des Herrn Professor Sieper zu lauschen. Das reichhaltige Material, auf das sich seine Ausführungen stützten, zeigt, daß es töricht ist, von einem Niedergang Englands infolge der deutschen Konkurrenz zu reden. Damit fällt aber ein wesentlicher Grund für das Mißtrauen und die Verstimmung, die jahrelang zwischen den beiden Ländern geherrscht haben — und ich muß hinzufügen — leider immer noch herrschen. Einsichtsvollen und unterrichteten Männern waren die Schlußfolgerungen, zu denen die Untersuchungen des Herrn Professor Sieper geführt haben, wohl schon im wesentlichen bekannt. Aber die überwältigende Mehrheit jener Leute, die die öffentliche Meinung machen, hängen mit Beharrlichkeit an dem Dogma, daß der deutsch-englische Gegensatz in der Überflügelung Englands durch den deutschen Konkurrenten seinen Grund habe und deshalb unausrottbar sei. Daraus ergibt sich die Aufgabe, die vor uns steht, ganz von selbst. Wir müssen dafür sorgen, daß die Wahrheiten, die wir soeben aus so beredtem Munde vernahmen, in Deutschland und namentlich auch in England zur Kenntnis der weitesten Kreise gebracht werden. Es ist nun einmal in der Geschichte so, daß es unendliche Mühe kostet und außerordentlich lange dauert, bis gewisse Wahrheiten Gemeingut der Menschen werden. Und es ist kein geringes Verdienst, für die Propagierung solcher Wahrheiten zu wirken. Erst dadurch kann die Bahn für eine Verständigung zwischen den großen germanischen Kulturvölkern frei werden.

Verständigung beruht auf Verstehen. Verstehen ist erst möglich auf Grund einer ruhigen, leidenschaftslosen Prüfung aller in Betracht kommenden Fragen. Wie sich das Verhältnis Deutschlands zu England auch in den kommenden Jahren gestalten mag — Reibungen werden zwischen zwei großen lebendig wirkenden Mächten immer wieder entstehen — ein besseres gegenseitiges Verstehen, eine bessere Würdigung der Art und des Lebens des anderen Volkes kann nur Gutes wirken und muß auf die Dauer dahin führen, all dies kleinliche Gezänk und Mißverstehen und Übelwollen, das sicher der großen Tradition der beiden Kulturvölker in gleicher Weise unwürdig ist, zu beseitigen und bessere, erträglichere Zustände zu schaffen.

Noch eines liegt mir auf dem Herzen. Wir haben gehört, daß die Konkurrenz, weit davon entfernt, übel zu wirken, im Gegenteil dazu dient, belebend auf die wirtschaftlichen Kräfte eines Landes zu wirken. Wir alle — und damit richte ich mich an die jüngeren Landsleute, die in diesem Saale sind — sollen dieser Wahrheit stets eingedenk sein. Wenn eine Konkurrenz unbequem zu werden droht, so wollen wir uns vergegenwärtigen, daß wir durch Neid und böse Worte keine besseren Zustände schaffen. Wir müssen uns selbst stark und frisch und leistungsfähig erhalten. Derjenige wird einmal die besten Chancen auf dem Weltmarkt haben, der am tüchtigsten und ausdauerndsten arbeitet. Und wenn uns die Worte des Herrn Professor Sieper in dieser Überzeugung bestärkt haben, so haben sie auch einen unmittelbaren praktischen Nutzen für uns gehabt. Fleiß, Selbstgenügsamkeit, moralische Kraft und Ausdauer, das sind die Faktoren, die in der internationalen Konkurrenz zum Erfolge verhelfen.

Ich danke sowohl Herrn Professor Sieper als auch Ihnen für Ihr zahlreiches Erscheinen und Ihre freundliche Aufmerksamkeit herzlich und rufe Herrn Professor Sieper zu: Auf frohes Wiedersehen in der Heimat!

www.ingramcontent.com/pod-product-compliance
Lightning Source LLC
LaVergne TN
LVHW042253300926
849161LV00003B/578